¡APRENDE YA!
CANCIONERO PARA EL ACORDEÓN DE BOTONES

POR ED LOZANO

Para obtener al audio, visite:
www.halleonard.com/mylibrary

Enter Code
5966-4348-8083-3814

Photography by Randall Wallace
Content produced by Rockero Media LLC www.rockeromedia.com
Interior design and layout by Len Vogler
Audio program performed and produced by Rodrigo Gonzalez

ISBN 978-0-8256-2879-5

Visit Hal Leonard Online at
www.halleonard.com

Contact us:
Hal Leonard
7777 West Bluemound Road
Milwaukee, WI 53213
Email: info@halleonard.com

In Europe, contact:
Hal Leonard Europe Limited
42 Wigmore Street
Marylebone, London, W1U 2RN
Email: info@halleonardeurope.com

In Australia, contact:
Hal Leonard Australia Pty. Ltd.
4 Lentara Court
Cheltenham, Victoria, 3192 Australia
Email: info@halleonard.com.au

Lista de Temas Musicales del Audio

1. Arriba Juan (Pista de Estudio)
2. Arriba Juan (Pista de Ensayo)
3. Al Pasar la Barca (Pista de Estudio)
4. Al Pasar la Barca (Pista de Ensayo)
5. Arroz Con Leche (Pista de Estudio)
6. Arroz Con Leche (Pista de Ensayo)
7. Bajo Un Angel Del Cielo (Pista de Estudio)
8. Bajo Un Angel Del Cielo (Pista de Ensayo)
9. Bambú (Pista de Estudio)
10. Bambú (Pista de Ensayo)
11. Bellas Melodias (Pista de Estudio)
12. Bellas Melodias (Pista de Ensayo)
13. Canción de Cuna (Pista de Estudio)
14. Canción de Cuna (Pista de Ensayo)
15. Cielo y Tierra (Pista de Estudio)
16. Cielo y Tierra (Pista de Ensayo)
17. De Colores (Pista de Estudio)
18. De Colores (Pista de Ensayo)
19. Himno de Alegría (Pista de Estudio)
20. Himno de Alegría (Pista de Ensayo)
21. Doña Dorotea (Pista de Estudio)
22. Doña Dorotea (Pista de Ensayo)
23. El Capitán Granizo (Pista de Estudio)
24. El Capitán Granizo (Pista de Ensayo)
25. El Puente Esta Quebrado (Pista de Estudio)
26. El Puente Esta Quebrado (Pista de Ensayo)
27. La Farola (Pista de Estudio)
28. La Farola (Pista de Ensayo)
29. Los Diez Negritos (Pista de Estudio)
30. Los Diez Negritos (Pista de Ensayo)
31. Muchas Notas (Pista de Estudio)
32. Muchas Notas (Pista de Ensayo)
33. Mariquita (Pista de Estudio)
34. Mariquita (Pista de Ensayo)
35. Minuet en Sol (Pista de Estudio)
36. Minuet en Sol (Pista de Ensayo)
37. Noche de Paz (Pista de Estudio)
38. Noche de Paz (Pista de Ensayo)
39. Pim-Pom (Pista de Estudio)
40. Pim-Pom (Pista de Ensayo)
41. Periquin (Pista de Estudio)
42. Periquin (Pista de Ensayo)
43. Sale el Trencito (Pista de Estudio)
44. Sale el Trencito (Pista de Ensayo)
45. Si Tu Tienes (Pista de Estudio)
46. Si Tu Tienes (Pista de Ensayo)
47. Un, Dos, Tres (Pista de Estudio)
48. Un, Dos, Tres (Pista de Ensayo)

Índice

Introducción

El *acordeón de botones* (algunas veces llamado el acordeón diatónico, acordeón moruna, o sinfionía) tiene una historia muy larga. Por muchos años ha sido para embellecer folklores musicales de muchos paises y es por esto que este instrumento goza de un alto grado de popularidad. Tocar el acordeón trae un gran entretenimiento para consigo mismo y diversión para todos. Como el instrumento es muy popular se ha elaborado este cancionero, *¡Aprende ya! Cancionero para el acordeón de botones*. Donde el estudiante aprenderá canciones fundamentales. Este cancionero le ayudará a interpretar canciones de una manera fácil y sencilla con la cual podrá demostrar sus conocimientos en frente de sus amistades en muy poco tiempo.

Estas melodías populares representan canciones de niños, famosas melodías en el mundo entero y los villancicos de tradición latinoamericana que facilitan el aprendizaje al tocar el acordeón de una manera sencilla y fácil. Estas canciones han sido arregladas para el principiante, el estudiante más avanzado esta motivado a utilizar el acompañamiento proporcionado como un punto de partida y a crear su propio estilo de acompañamiento.

Acerca de Audio

El Audio esta diseñado para esta obra e incluye demostraciones de las canciones con una banda de apoyo. Esta grabación en audio puede ayudarle ha aprender la música en este libro más fácil y tocar el acordeón mucho más divertido. Escuche la pista de estudio primero y siga la música escrita en este libro. La pista de estudio demuestra la cancion cuatro veces: 1. con las dos manos (melodia y acordes), 2. solamente la melodia (sin mano izquierda), 3. solamenta las acordes (sin mano derecha), y 4. las dos manos juntas para terminar. Una vez que usted este cómodo al tocar la melodía con el acompañamiento entonces trate de tocar junto con la pista de ensayo que incluye la banda de apoyo sin el acordeón. La pista de ensayo repite cuatro veces para darle la oportunidad de tocar las canciones sin parar y reiniciar la grabación.

El acordeón y todos los instrumentos del apoyo son realizados por Rodrigo Gonzalez.

Explicación del Acordeón de Botones

El acordeón diatónico es un instrumento portable. Compuesto por dos cajas sonoras rectangulares desiguales, las cuales contienen laminas metalicas vibrantes para producir el sonido. El acordeón está provisto de un teclado para realizar la melodía con la mano derecha (la *clave de* S*ol* que produce la escala mayor diatónica natural), y botones para los bajos, (la *clave de* F*a* con la mano izquierda) que producen algunos tonos fundamentales y acordes. El aire es controlado por medio de una caja flexible conectada a las dos cajas sonoras que se le llama *fuelle*.

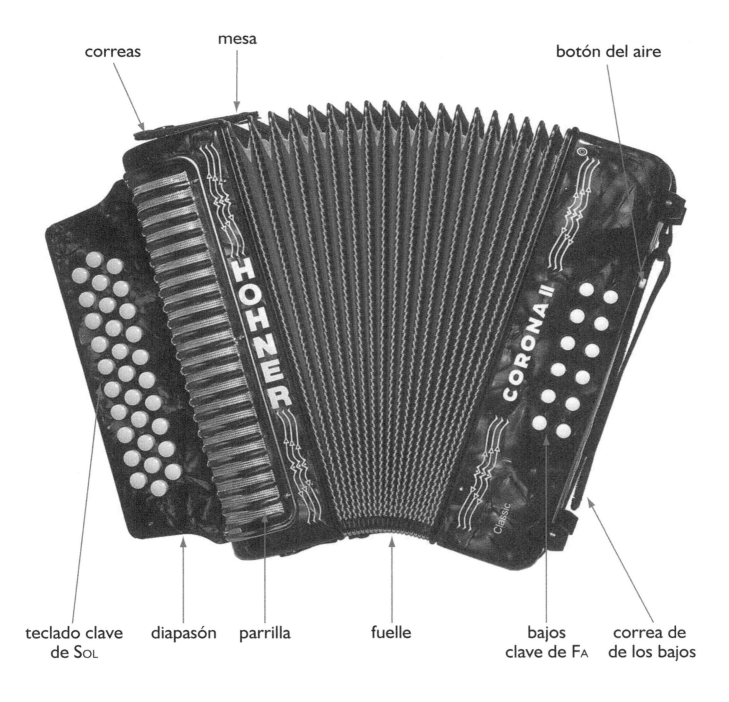

correas   mesa   botón del aire

teclado clave   diapasón   parrilla   fuelle   bajos   correa de
de S*ol*   clave de F*a*   de los bajos

Sosteniendo el Instrumento

Después de haberse colocado las correas con que se sostiene el instrumento, siéntese en una silla sin brazos y coloque el *acordeón* sobre su pierna izquierda.

Coloque el dedo número 1 de la mano derecha a través de la correita que esta en el *diapasón*.

Coloque el dedo número 2 sobre el botón número 3 de la hilera C, despúes coloque los dedos número 3, 4 y 5 sobre los botones 4, 5 y 6 respectivamente.

Coloque la mano izquierda por debajo de la correa que se encuentra en la parte izquierda del instrumento colocando el dedo número 1 en el *botón del aire*.

Sostenga las manos en esta posición por un momento hasta que sienta que está en posición de tocar.

Extienda el *fuelle* lentamente y cierrelo usando el botón del aire, con movimiento de la mano izquierda. De nuevo extienda el fuelle y usted estará en posición, listo.

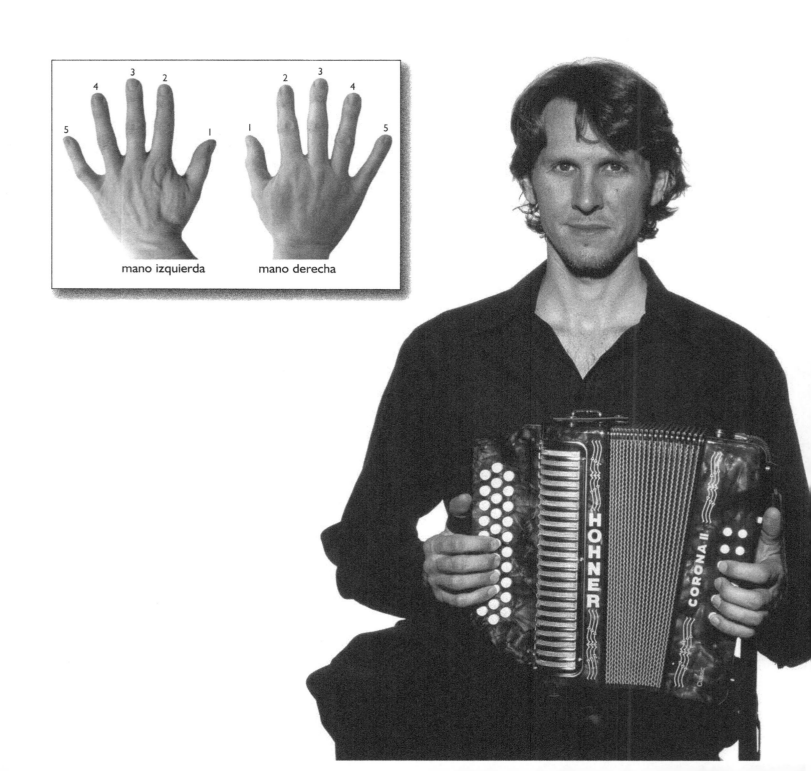

mano izquierda   mano derecha

Explicación de la Tablatura

La *tablatura* es un sistema de notación parecida al sistema de música común. La tablatura del acordeón de botónes esta formada por cuatro líneas horizontales que forman tres espacios. Cada espacio representa una de las hileras de botones. Cada número representa el botón que debe pulsar, cerrando y abriendo el fuelle según se indíque. Los números entre paréntesis indican el cierre del fuelle y los números sin paréntesis indican que se abra el fuelle.

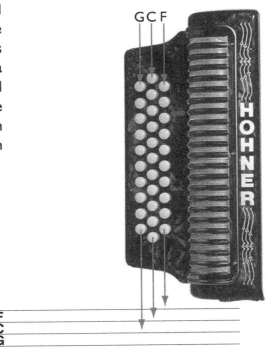

Hay dos tablaturas, una para la mano derecha y otra para la mano izquierda. En este libro vamos a utilizar las dos manos. La mano derecha toca la melodía mientras la mano izquierda toca el bajo y los acordes. "P" indica la hilera primera y "S" indica la hilera segunda. La tablatura de la clave de Fa esta formada por tres líneas horizontales de las cuales forman dos espacios. Los numeros indican de la misma manera como explicado anteriormente.

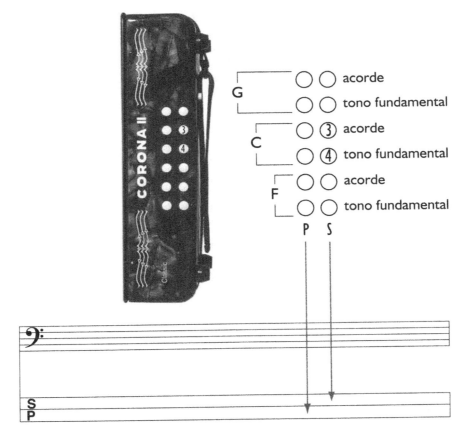

Explicación de Notación Musical Comú

Para que se le haga mas fácil el aprendizaje del instrumento, es necesario tener un entendimiento fundamental de el lenguaje musical.

¿Que es la música?

La música es arte y ciencia al mismo tiempo. Tiene como base el sonido; como elemento el ritmo, la armonía, la melodía y el timbre. Es la expresión de los sentimientos, el idioma del alma.

Una nota es la representación gráfica de un sonido.

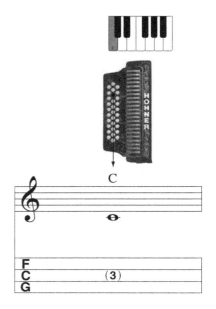

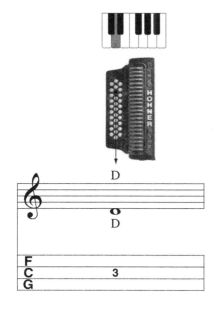

ARRIBA JUAN
(Pistas 1 y 2)

Colombia

A - rri - ba Juan, a - rri - ba Juan, ya can - tó, el ga - lli - to.

A - rri - ba Juan, a - rri - ba Juan, ya can - tó, el ga - lli - to.

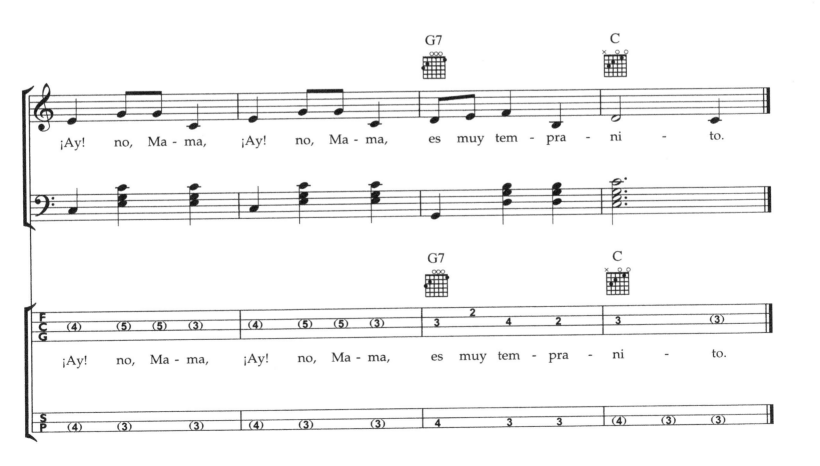

¡Ay! no, Ma - ma, ¡Ay! no, Ma - ma, es muy tem - pra - ni - to.

¡Ay! no, Ma - ma, ¡Ay! no, Ma - ma, es muy tem - pra - ni - to.

Al Pasar la Barca
(Pistas 3 y 4)

España

Al pa - sar la bar - ca me di - jo,el bar - que - ro: "Las ni -

Al pa - sar la bar - ca me di - jo,el bar - que - ro: "Las ni -

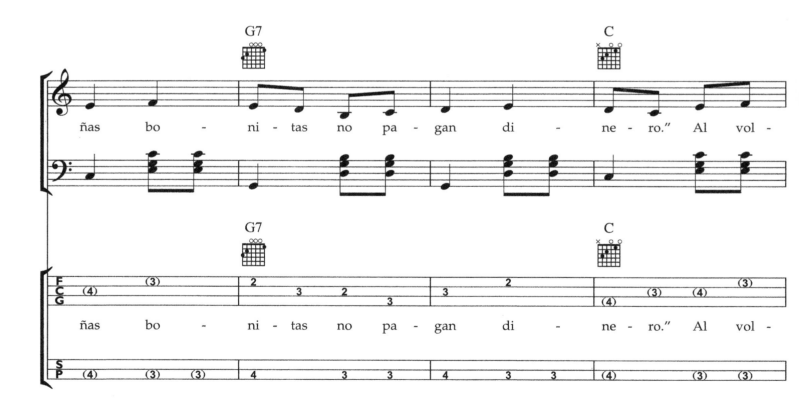

ñas bo - ni - tas no pa - gan di - ne - ro." Al vol -

ñas bo - ni - tas no pa - gan di - ne - ro." Al vol -

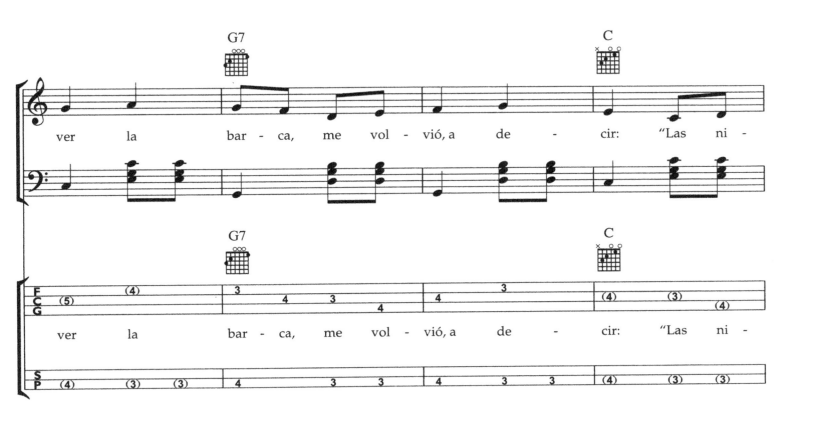

ARROZ CON LECHE
(Pistas 5 y 6)

Puerto Rico

Bajo Un Angel Del Cielo

(Pistas 7 y 8)

Tradiciónal

BAMBÚ
(Pistas 9 y 10)

Brazil

Bam - bú ti - ra - bu, A - ro - ei - ra, man - ta - guei - ra. Ti - ra -

Bam - bú ti - ra - bu, A - ro - ei - ra, man - ta - guei - ra. Ti - ra -

ra a Lu - i - za, pa - ra ser bam - bú. Bam -

ra a Lu - i - za, pa - ra ser bam - bú. Bam -

BELLAS MELODIAS
(Pistas 11 y 12)

Guabina

Willy Geisler

Canción de Cuna
(Pistas 13 y 14)

Johannes Brahms

Bue - nas no - ches mi a - mor, duer - me ba - jo el ro - sal,____ con las

Bue - nas no - ches mi a - mor, duer - me ba - jo el ro - sal,____ con las

ma - nos en____ cruz so - bre tu____ co - ra - zón. Que ma-

ma - nos en____ cruz so - bre tu____ co - ra - zón. Que ma-

CIELO Y TIERRA
(Pistas 15 y 16)

Tradicional

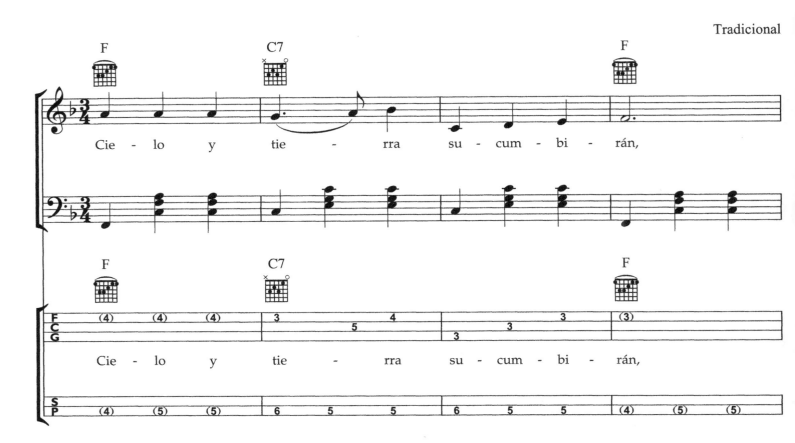

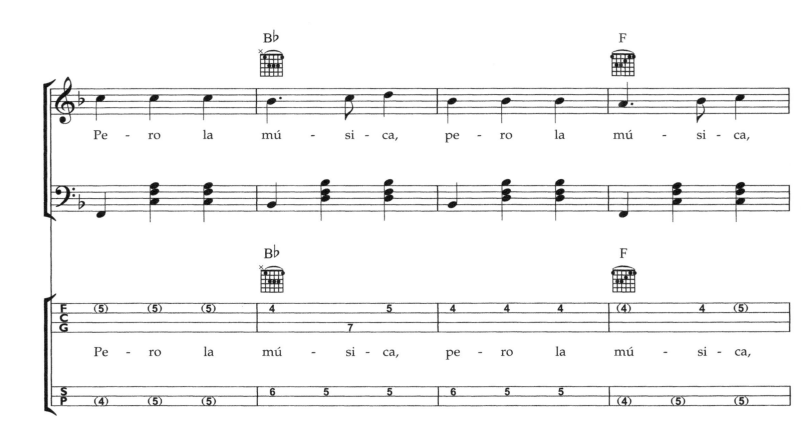

pe - ro la mú - si - ca per - du - ra - rá.

pe - ro la mú - si - ca per - du - ra - rá.

De Colores

(Pistas 17 y 18)

Mejico

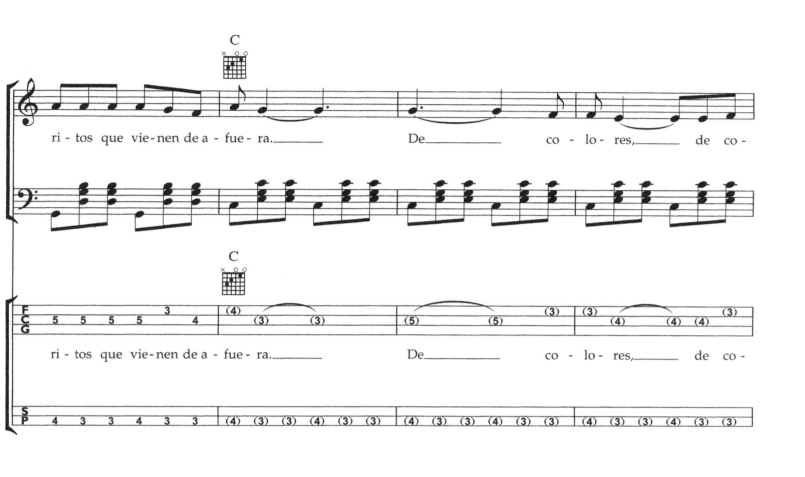

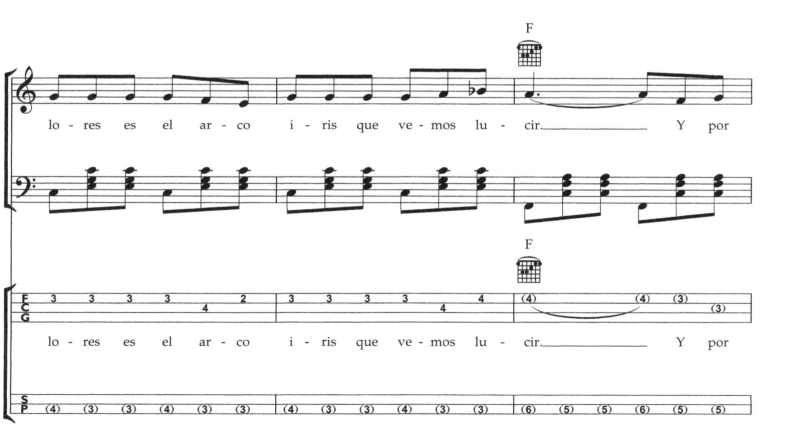

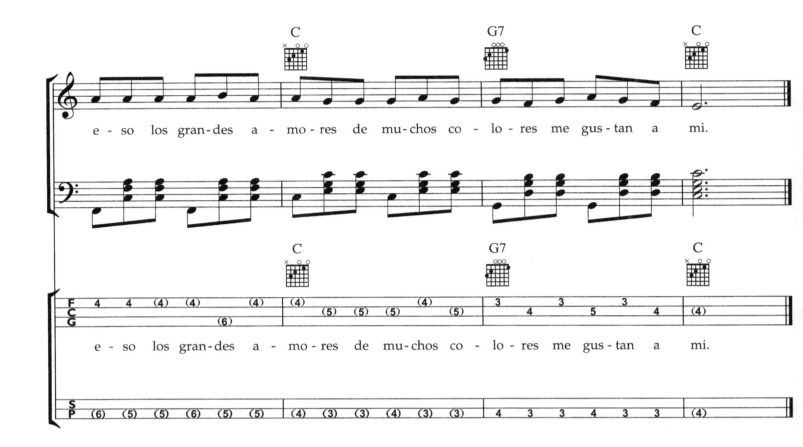

e - so los gran-des a - mo - res de mu-chos co - lo - res me gus-tan a mi.

Letra adicional

Canta el gallo, canta el gallo
Con el quiri quiri quiri quiri quiri
La gallina, la gallina
Con el cara cara cara cara cara
Los polluelos, los polluelos
Con el pio pio pio pio pi
Y por eso los grandes amores
De muchos colores me gustan a mi
Y por eso los grandes amores
De muchos colores me gustan a mi

HIMNO DE ALGERÍA
(Pistas 19 y 20)

Ludwig van Beethoven

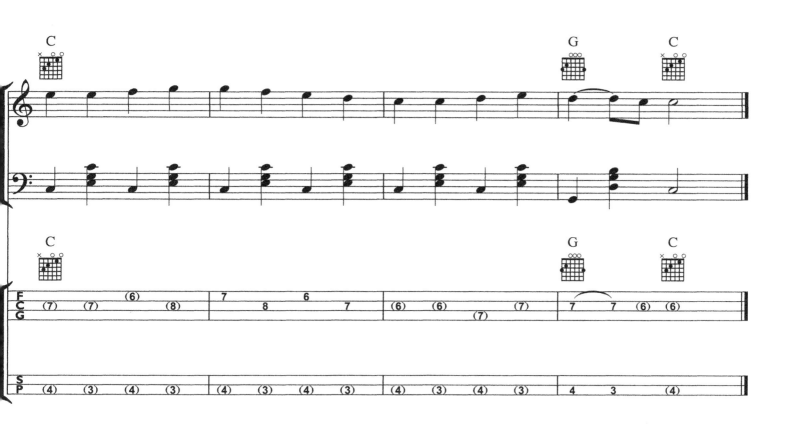

Doña Dortea
(Pistas 21 y 22)

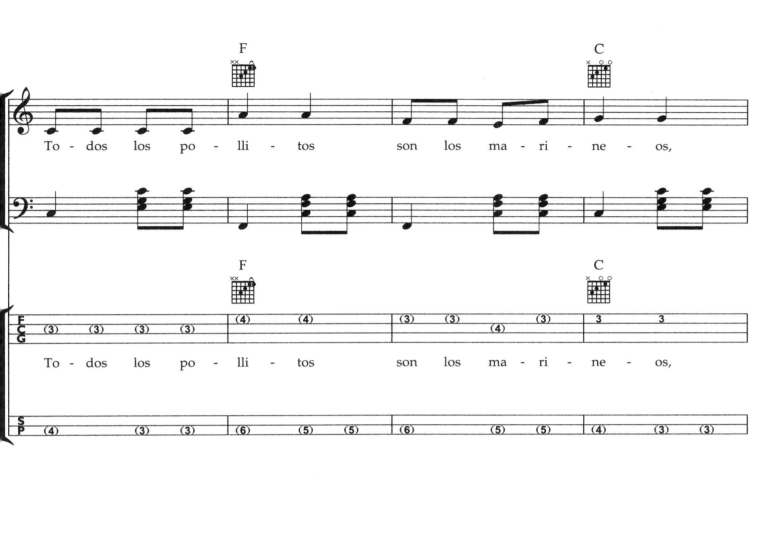

El Capitán Granizo

(Pistas 23 y 24)

El Puente Esta Quebrado

(Pistas 25 y 26)

Tradiciónal

La Farola

(Pistas 27 y 28)

Tradiciónal

La fa - ro - la de pa - la - cio se es - tá mu - rien - do de ri - sa al ver

La fa - ro - la de pa - la - cio se es - tá mu - rien - do de ri - sa al ver

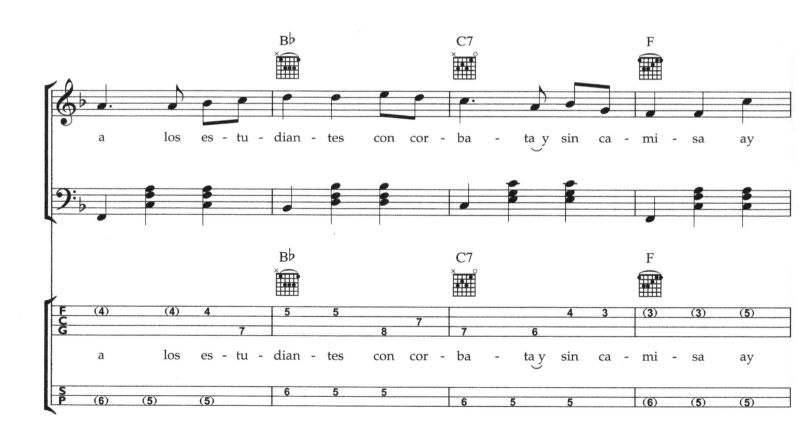

a los es - tu - dian - tes con cor - ba - ta y sin ca - mi - sa ay

a los es - tu - dian - tes con cor - ba - ta y sin ca - mi - sa ay

LOS DIEZ NEGRITOS
(Pistas 29 y 30)

Tradiciónal

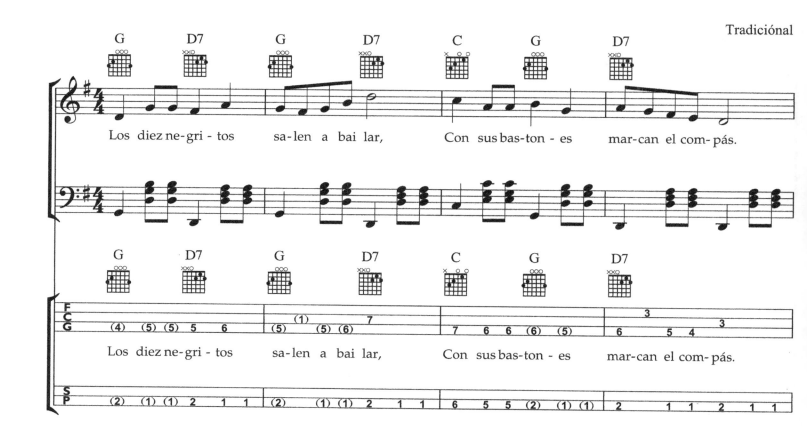

Los diez ne-gri - tos   sa-len a bai lar,   Con sus bas-ton - es   mar-can el com-pás.

Los diez ne-gri - tos   sa-len a bai lar,   Con sus bas-ton - es   mar-can el com-pás.

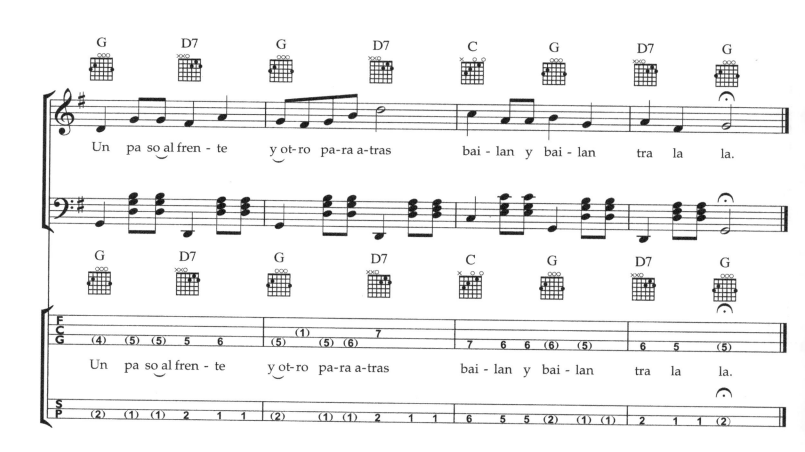

Un   pa so al fren - te   y ot-ro pa-ra a-tras   bai - lan y bai - lan   tra la   la.

Un   pa so al fren - te   y ot-ro pa-ra a-tras   bai - lan y bai - lan   tra la   la.

MUCHAS NOTAS
(Pistas 31 y 32)

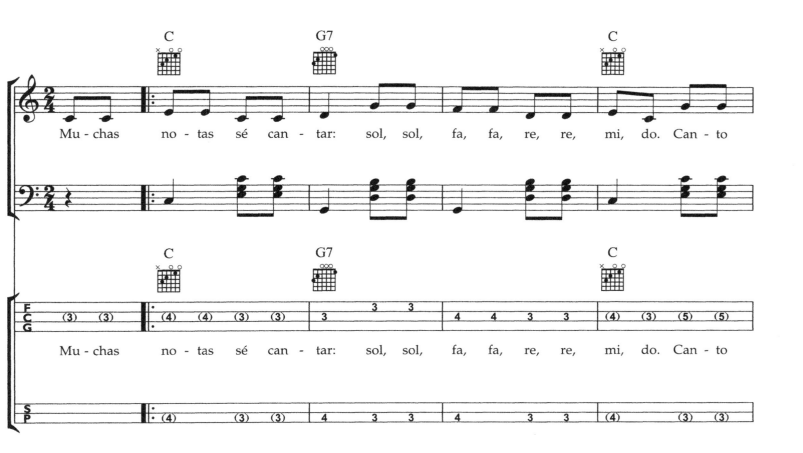

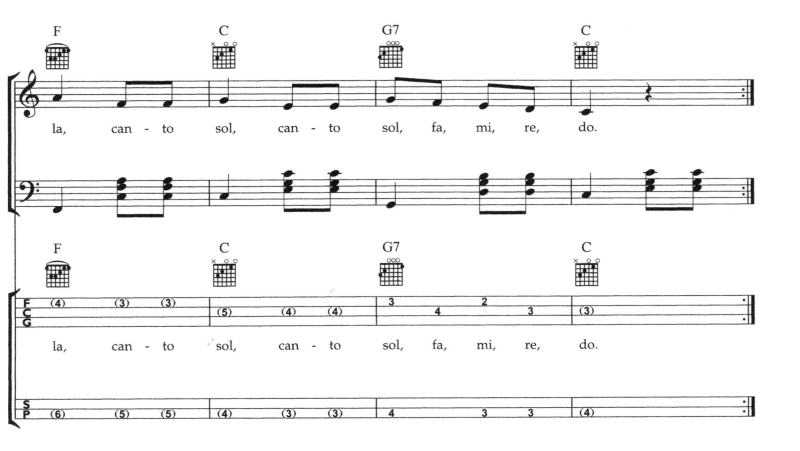

34

Mariquita
(Pistas 33 y 34)

Tambito

Costa Rica

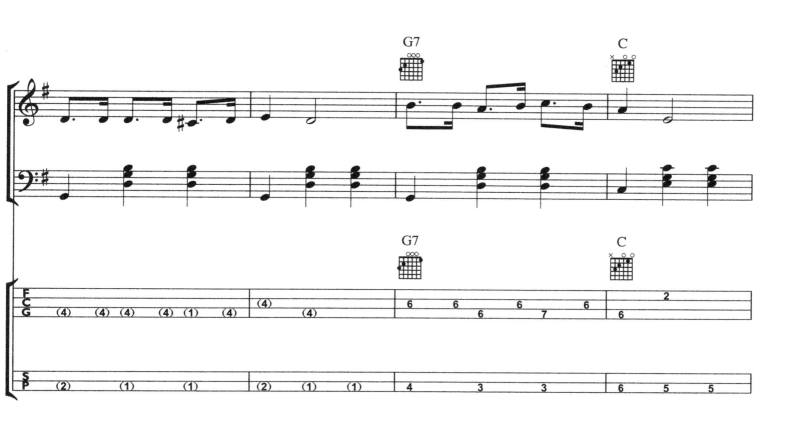

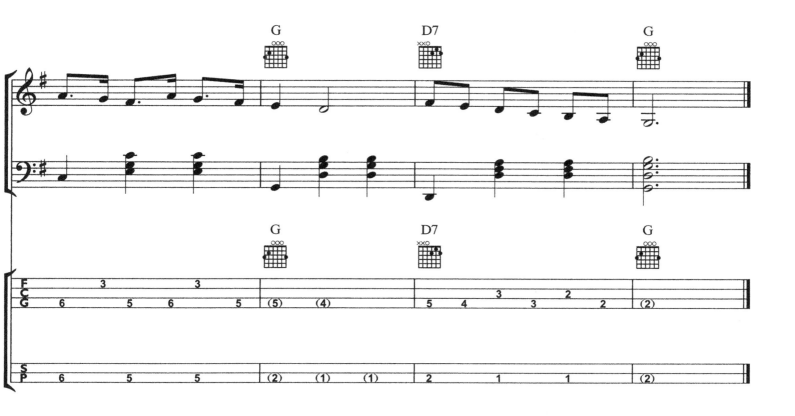

Minuet en Sol
(Pistas 35 y 36)

Johann Sebastian Bach

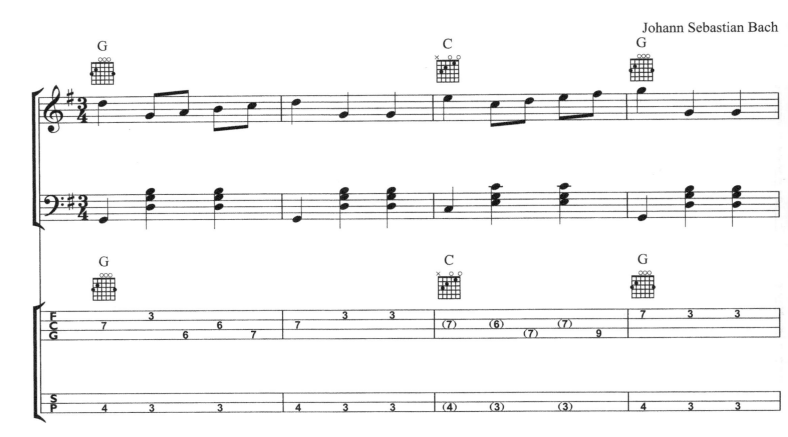

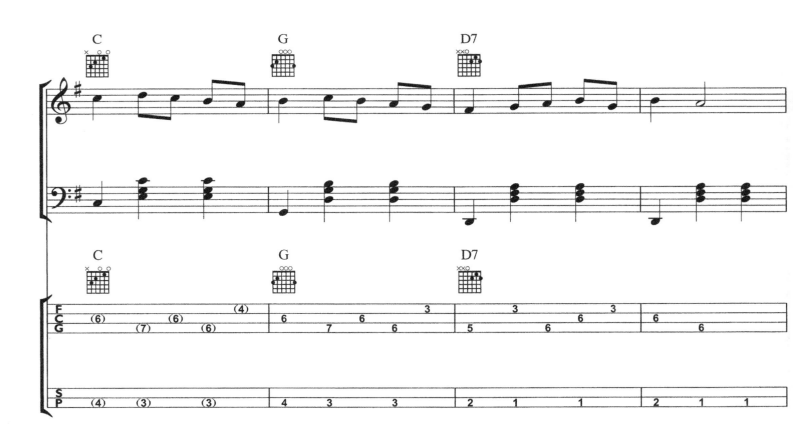

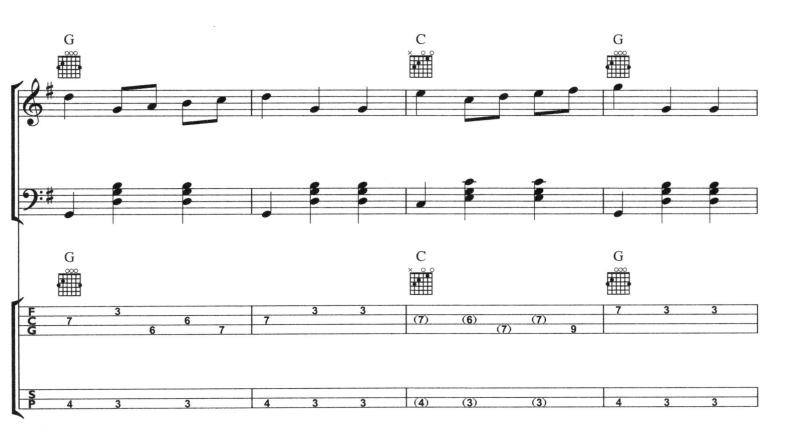

NOCHE DE PAZ
(Pistas 37 y 38)

Villancico

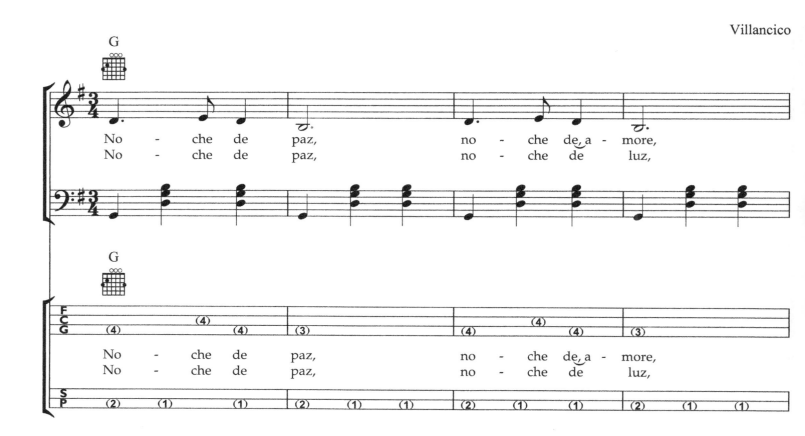

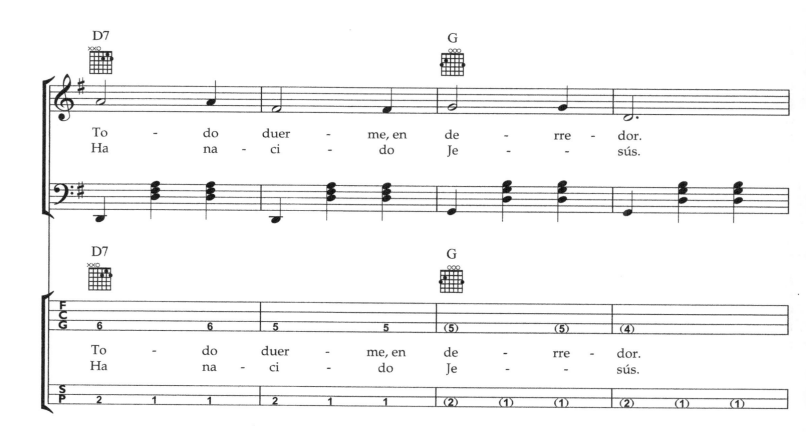

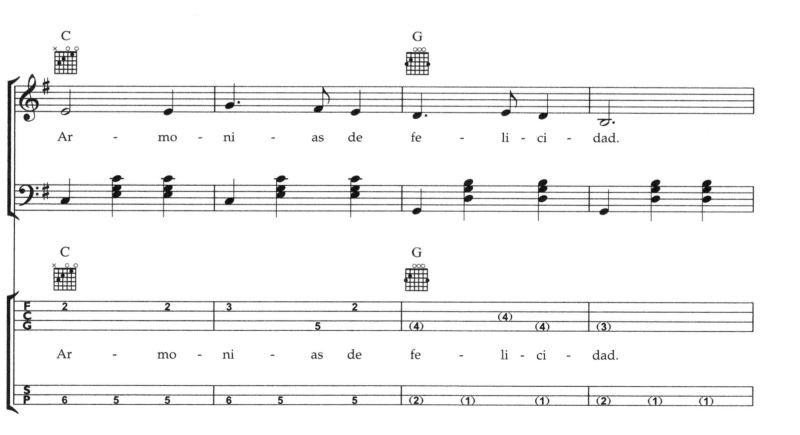

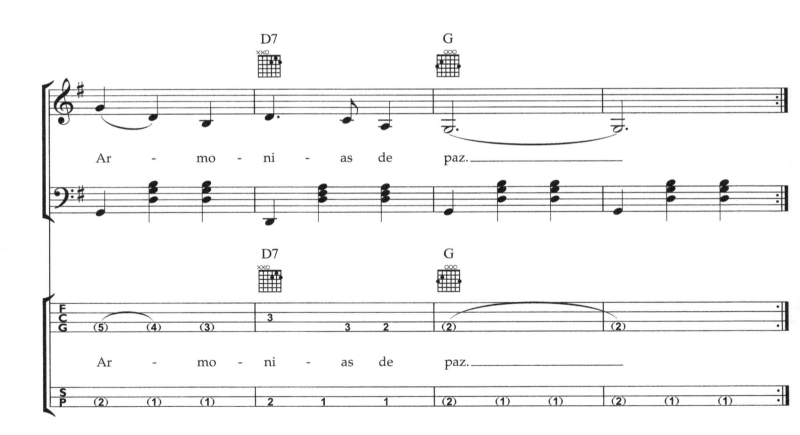

PIM - POM
(Pistas 39 y 40)

Tradiciónal

Pim - Pom es un mu - ñe - co de tra - po y de car - ton. Se

Pim - Pom es un mu - ñe - co de tra - po y de car - ton. Se

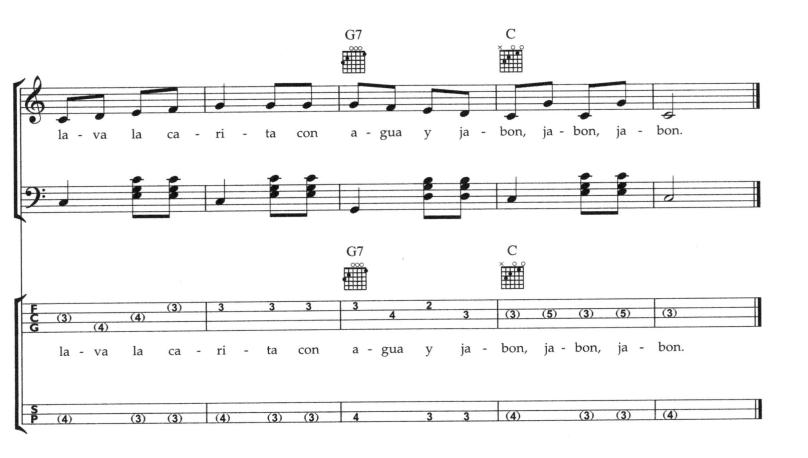

la - va la ca - ri - ta con a - gua y ja - bon, ja - bon, ja - bon.

la - va la ca - ri - ta con a - gua y ja - bon, ja - bon, ja - bon.

Periquin
(Pistas 41 y 42)

Tradicional

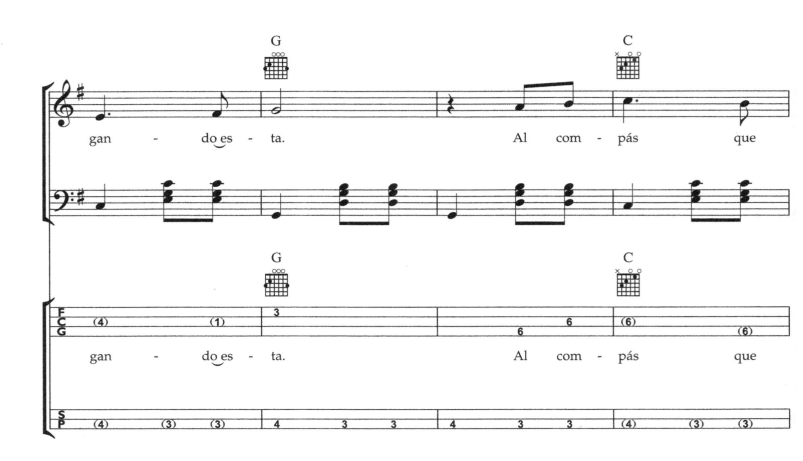

va   lle - van - do   con   su   tri - qui   tri - que - ta.

va   lle - van - do   con   su   tri - qui   tri - que - ta.

Letra adicional

Con sus pies el pulso lleva
Sin perdid velocidad
Con las claves ve llevando
Ritmos que puede tocar
Todo el cuerpo se mueve
Y como estatua va a quedar

SALE EL TRENCITO
(Pistas 43 y 44)

España

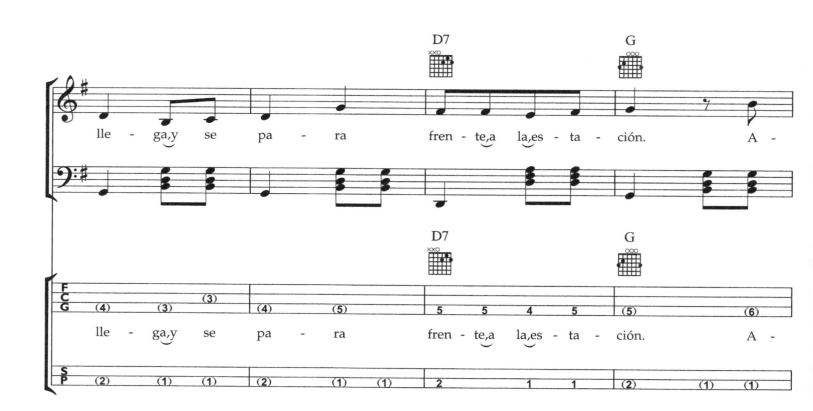

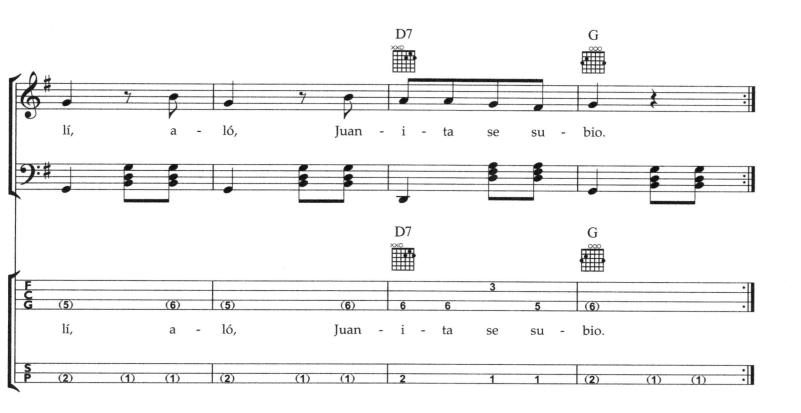

Si Tu Tienes
(Pistas 45 y 46)

Tradiciónal

Un, Dos, Tres

(Pistas 47 y 48)